VARIÉTÉS

SUR LE

DIOCÈSE ANCIEN DE CHALONS

Par l'Abbé A. MILLARD.

N° 2

SAINT ALPIN

Et ses Historiens.

CHALONS-SUR-MARNE

IMPRIMERIE C. THOUILLE, RUE D'ORFEUIL, 3

—

1899

SAINT ALPIN

ET SES HISTORIENS

VARIÉTÉS

SUR LE

DIOCÈSE ANCIEN DE CHALONS

Par l'Abbé A. MILLARD.

N° 2

SAINT ALPIN

Et ses Historiens.

CHALONS-SUR-MARNE

IMPRIMERIE C. THOUILLE, RUE D'ORFEUIL, 3

1899

SAINT ALPIN

Et ses Historiens.

L'un des premiers évêques de Châlons, dont la vie paraît le mieux connue, est assurément saint Alpin. Sa biographie a tenté plusieurs historiens. Ainsi nous avons la *Vie de saint Alpin*, par l'abbé Boitel ; à la fin du siècle dernier parut le *Mémoire pour servir à la vie de saint Alpin* dont l'auteur était Claude Faron, notaire à Châlons ; les *Annales historiques* du P. Rapine contiennent aussi la vie de saint Alpin avec assez de détails.

Les Bollandistes ont imprimé au tome III de septembre dans les *Acta Sanctorum*, deux vies de notre saint évêque, une courte, l'autre plus longue (1). De ces deux vies les Bollandistes n'ont pas osé dire celle qui était la plus ancienne ; la plus courte, celle qu'ils ont imprimée en premier lieu, n'est-elle que l'abrégé de l'autre, des-

---

(1) La plus courte, d'après un manuscrit qui appartenait à l'abbaye de Saint-Victor de Paris, mais provenait de Châlons ; la plus longue fut collationnée sur trois manuscrits, deux de Châlons et un autre qui avait appartenu au fameux généalogiste A. Duchesne : c'est ce dernier que les Bollandistes préférèrent.

tinée à servir de leçons au bréviaire ou bien la seconde, la plus longue, n'est-elle que le développement de la première avec l'adjonction de différentes circonstances inconnues à l'auteur de la première vie ? C'est ce sur quoi ils ne se sont pas prononcés.

La première supposition, à notre avis, est vraie, et nous ne croyons pas nous tromper en disant que la première notice n'est qu'un abrégé de la vie de saint Alpin, rédigée d'après des opinions relativement récentes à la fin du xve siècle, sans doute pour servir de leçons à un bréviaire.

A cette vie très sommaire, mais qui comprend les épisodes caractéristiques de la vie de saint Alpin, sont ajoutées textuellement trois phrases extraites d'un office de saint Alpin dans un bréviaire manuscrit de la fin du xive siècle. Cette première vie, postérieure par conséquent au xive siècle, n'a pas grande valeur.

La vie la plus longue des Bollandistes est la plus ancienne. Et encore dans cette vie, qui paraît écourtée, serait-ce par les Bollandistes ? ne figurent pas certains détails relatés dans une autre vie connue du P. Rapine, de Claude Faron et du rédacteur de l'office de saint Alpin dans le bréviaire manuscrit (1). Il offre un réel intérêt; car il donne en grande partie la vie la plus longue des Bollandistes et il y est fait allusion à plusieurs épisodes qui figurent dans la légende connue du P. Rapine.

La bibliothèque de Châlons possède encore un autre bréviaire, qui jadis appartint à l'abbaye de Saint-

___

(1) Bibliothèque de la ville de Châlons. Manuscrits n° 2. Bréviaire de la fin du xive siècle en parchemin. 368 feuillets à 2 colonnes. 144 millimètres sur 102. Il provient de l'abbaye de Saint-Pierre-au-Mont. L'office de saint Alpin commence au folio 269.

Memmie ; il est du xvᵉ siècle. La vie de saint Alpin y est fort abrégée et le récit de l'intervention de saint Nicaise dans son élection et d'un miracle opéré dans le village de Saint-Memmie (1), en forme presque toute la substance : ce récit est extrait de la vie la plus longue (2).

Les historiens anciens et modernes qui ont parlé de saint Alpin racontent donc, d'après ces diverses vies, qu'il naquit à Baye, dans la région châlonnaise, de parents chrétiens qui étaient seigneurs de Baye ; d'une famille qui a pendant plus de mille ans conservé, avec la noblesse, les traditions d'une foi orthodoxe ; qu'il fut disciple de saint Loup, évêque de Troyes, dont il devint le compagnon en qualité d'official au moment de la mission en Angleterre contre l'hérésie des Pélagiens ; qu'à leur retour saint Alpin, élu évêque de Châlons par le clergé et le peuple en remplacement de l'évêque Provinctus, fut sacré par saint Nicaise, évêque de la métropole de Reims ; que saint Alpin arrêta Attila et lui fit épargner Châlons ; qu'il consacra à la virginité les filles du comte Sygmarus de Perthes ; qu'il fut célèbre par ses miracles et qu'après quarante-sept ans d'épiscopat, il mourut fort âgé à Baye où il s'était retiré sur les conseils des médecins.

Tous les traits de cette vie sont-ils authentiques ? Nous nous permettons d'en douter. Plusieurs épisodes

---

(1) Un jour que saint Alpin avec quelques clercs se rendait à la basilique de Saint-Memmie pour y prier, il entendit les pleurs et les gémissements d'une foule de peuple. Il s'informe, apprend que l'on va faire un enterrement : il s'approche du cadavre, lui commande de se lever et le défunt soudain est rendu à la santé et à la vie.

(2) Bibliothèque de la ville de Châlons. Manuscrits n° 5. Bréviaire du xvᵉ siècle en parchemin. 379 feuillets à 2 colonnes de 30 lignes, 132 sur 56 millimètres.

racontés dans cette légende sont inconciliables avec les dates certaines de l'histoire.

Ce fait avait frappé avant nous les savants Bollandistes et ils avaient en fin de compte assigné à saint Alpin dans la liste des évêques de Châlons, une autre place que celle que lui donnent les catalogues.

Certes nous ne voulons pas conclure que saint Alpin n'a jamais existé et que tout dans sa vie est faux et erroné ; nous ne voulons pas davantage rabaisser les mérites du grand évêque auquel on doit, selon toute vraisemblance, l'organisation du diocèse de Châlons, ni diminuer la gloire d'un saint populaire dans une grande partie du diocèse. Mais n'est-ce pas un bien de porter un peu de lumière sur les épisodes obscurs de cette vie ? Qui se peut plaindre de ce que nous voulions juger si les faits attribués à saint Alpin par ses biographes, même les plus anciens, cadrent avec les données certaines de l'histoire ? Et si d'après nos conclusions, il y a lieu d'éliminer de sa vie trois ou quatre faits douteux, voire même impossibles, ne resterait-il pas encore assez de traits miraculeux pour faire de saint Alpin un grand saint ? Quand bien même il n'aurait pas appartenu à la famille de Béthune ; qu'il n'aurait pas été disciple de saint Loup ; qu'il ne serait pas allé en Angleterre ; que même il n'aurait pas arrêté Attila et que ce ne serait pas lui qui aurait couronné les vierges de Perthes; saint Alpin ne resterait-il pas l'évêque modèle du clergé, né et mort à Baye, pontife de ses concitoyens, glorieux par ses miracles, terrible adversaire des démons et de l'hérésie, organisateur émérite, dont le nom surnageant au dessus de toutes les catastrophes, éclipsa celui de ses successeurs et apparut dans la nuit des temps comme le sauveur de son peuple. Il est certes curieux que ce soient les épisodes les moins certains qui fassent à saint Alpin une auréole de gloire. Le peuple a oublié ce qui était sûr, pour ne retenir que ce qui est douteux ; et un rien, une coïncidence, un rapport d'âge ou de temps a fini par être transformé en un événement miraculeux ! C'était quelque chose de vague, d'indécis qui est devenu, sous la plume d'un biographe enthousiaste, une réalité et une merveille. Qu'y avait-il au fond ? C'est ce que nous allons rechercher en étudiant successivement différentes assertions des historiens de saint Alpin.

I.

Il n'entre point dans notre cadre de donner de saint Alpin une vie complète, mais seulement de faire voir l'inexactitude, l'incertitude, même l'invraisemblance de plusieurs traits de la vie de saint Alpin. La première assertion erronée des historiens est celle qui le rattache à la famille de Béthune.

On lit en effet dans la première vie éditée par les Bollandistes le passage suivant : « Alpin naquit dans la « région châlonnaise, au village nommé Baye, de parents « chrétiens, d'une noble famille, dont les descendants « gardent depuis plus de mille ans la noblesse et la foi « chrétienne. »

Ce passage a fait tomber nos savants Bollandistes dans une grossière erreur.

Qu'est-ce que l'auteur de cette vie a bien voulu dire en écrivant que la postérité des parents de saint Alpin, garde, *retinet*, depuis plus de mille ans son antique

noblesse et la foi chrétienne (1) ? C'est ici que le Bollandiste s'est fourvoyé. Puisque, se dit-il, la famille de
saint Alpin, illustre déjà au ve siècle, existait encore au
xve, comme, d'un autre côté, Alpin est nommé *Albinus*
dans quelques vies, il en résulte que saint Alpin appartenait à la vieille race *Albinia* de l'antique Rome et que
l'auteur de la vie écrivait au xve siècle. Ce n'est pas
déjà si mal raisonné. Mais nous ne voyons pas la né-
cessité d'aller sur les branches patriciennes de Rome
dénicher la gens Albinia. Ce passage de la vie est in-
terpolé et renferme tout simplement une basse flatterie
à l'adresse de la famille de Béthune qui au xve siècle a
possédé le domaine de Baye.

Ecoutons nos historiens locaux. L'abbé Boitel écrit
dans son *Histoire de saint Alpin* en 1853 : « Le père de
« saint Alpin était seigneur de Baye... Ses descendants
« ont rendu de grands services... on croit que c'était la
« maison de Bethune. » (p. 1.)

E. de Barthélemy relate la même opinion dans son
Histoire de Châlons en 1855. « Saint Alpin, dit-il, né au
« château de Baye que possédait sa famille. » (p. 136.)
— Dans son *Diocèse ancien de Châlons-sur-Marne* en 1861 :
« Saint Alpin rendit le dernier soupir à son château de
« Baye. » (I, p. 16.)

Mais dans le tome second de cet ouvrage, il aban-
donne cette assertion : « Saint Alpin naquit au château
« de Baye qui appartenait à sa famille selon une tradi-
« tion constante, et y mourut en 480. Cette même tra-
« dition veut que cet illustre évêque fut un membre de

_____

(1) Alpinus in agro cathalaunensi vico qui Baia dicitur, illustri
genere natus est parentibus christianis, quorum generosa posteritas annos plus quam mille antiquam cum pietate nobilitatem
retinet. Acta Sanctorum. VII sept.

« la famille de Béthune. J'ai respecté cette opinion dans
« le premier volume de cet ouvrage ; je ne puis me dé-
« cider à l'accepter davantage. » (II, p. 355.)

Cl. Faron, que l'abbé Boitel avait copié, écrivait en
1725 : « On prétend que son père était seigneur du lieu,
« dont la postérité, par les grands services rendus à la
« France, y tient un rang considérable. On croit que
« c'est la maison de Béthune. Il y en a même beaucoup
« de cette famille qui ont porté le nom d'Alpin. » (*Mémoire pour servir à l'histoire de saint Alpin*, p. 16.)

En 1636, le P. Rapine dit, traduisant pesamment,
mot pour mot, le fameux passage de la vie, sans citer
toutefois la famille de Béthune : « Saint Alpin nasquit
« à Baye de parents nobles selon le sang et chrestiens de
« profession et de vie, qui se sont perpétués jusques à
« nos jours en leurs enfants illustres sous les mêmes
« tiltres de noblesse et de religion. » (*Annales historiques*, p. 53.)

Quelques années auparavant, en 1621, Beaugier, qui
a légué à tous les historiens postérieurs de la Champagne
nombre d'erreurs copiées servilement, écrivait : « Il est
« parlé du Mont-Aimé dans la vie de saint Alpin de Bé-
« thune, évêque de Châlons, qui vivait vers le milieu
« du ve siècle. » (*Mémoires historiques sur la Champagne*,
I, 288.) « Saint Alpin, huitième évêque de Châlons, de
« la famille de Béthune, était seigneur de Baye. » (*Item*,
II, 342.)

Il est évident que c'est dans la vie, éditée par les
Bollandistes, que tous ces auteurs ont puisé, les uns
après les autres, pour dire que saint Alpin appartenait
à la famille des seigneurs de Baye et qui plus est, à la
famille de Béthune.

L'office de saint Alpin dans le bréviaire manuscrit du

Etienne de Châlons à l'effet d'obtenir quelques parcelles des reliques de saint Alpin. Ce qui lui fut accordé en 1516. (Manuscrit Garinet. Bibliothèque de Châlons. — *Histoire des évêques de Châlons*, 260, III.)

Nous croyons être dans le vrai en affirmant que ce fut peu avant cette époque que fut composée la vie plus courte imprimée par les Bollandistes. Serait-il téméraire de croire que l'influence d'Oger de Béthune, archidiacre de Châlons, ne fut pas étrangère à la rédaction de cette légende, qui figura dès lors à l'office de saint Alpin, dans les premiers bréviaires imprimés du diocèse (1) ?

La terre de Baye, vendue vers 1554 par Jean de Béthune, passa successivement à François de Clèves, duc de Nevers ; à Henri de Bourbon, prince de Condé ; à Henri, duc de Guise ; à Jean de Lon, père de Marion de Lorme; à Pierre Larcher et enfin à Etienne Berthelot de Pleneuf, baron de Baye : ses descendants la possèdent encore.

Les de Béthune n'avaient point disparu de la Champagne ; en 1609, Maximilien de Béthune, comte de Rosny, connu sous le nom de Sully, arrière-petit-fils de Jean de Béthune, avait épousé Françoise de Créquy, qui lui apporta en mariage les terres de Montmort, Congy et autres. C'était au seigneur de Montmort que Beaugier et le P. Rapine adressaient leurs flatteries ; en tout cas Sully n'était pas, comme les parents de saint

---

(1) La fameuse phrase : *quorum generosa posteritas annos plus quam mille.....* renfermerait encore une faute quand bien même on la corrigerait comme il suit : *quorum generosa posteritas antiquam cum pietate nobilitatem* DIU RETINUIT. Gl. Faron, dans le texte qu'il donne. a eu la pudeur de passer sous silence les mots : *annos plus quam mille.*

Alpin *orthodoxæ religionis !* de religion orthodoxe, puisqu'il était protestant !

La famille de Béthune crut-elle sérieusement à sa pa-
renté avec saint Alpin ? On serait tenté de le croire,
car aujourd'hui encore, dans le château de Baye, on
montre au visiteur, d'un air peu convaincu, il est vrai,
la chambre de saint Alpin ! On dit même que c'était
celle que préférait l'ancien évêque de Châlons, Mgr de
Prilly.

Le château actuel de Baye, plusieurs fois remanié, ne
remonte dans ses murailles les plus vieilles qu'à la fin
du xiie siècle. Il est peu probable que les anciens seigneurs de Broyes y aient eu une demeure avant cette
date. Mais quand bien même il y aurait eu avant le
xiie siècle une maison seigneuriale à Baye, sur quoi
peut-on s'appuyer pour dire que saint Alpin était de la
race des anciens seigneurs de Baye, comme l'écrit André
Duchesne ! Quel est le vague souvenir qui a pu donner
naissance à cette assertion ?

Au ve siècle il n'y avait pas de seigneurs, ni de nobles
comme on l'entendait au xve siècle. Il y avait seulement
de riches gallo-romains et les parents de saint Alpin
étaient assurément de ce nombre : ils possédaient à
Baye une propriété plus ou moins vaste. Or cette propriété serait-elle le domaine seigneurial actuel, le domaine possédé jadis par les sires de Broyes et les Béthune ? C'est vraisemblable, car la première famille
féodale qui posséda ce domaine fut assurément celle de
Broyes et avant elle c'était l'église cathédrale de Châlons, l'église Saint-Etienne qui le tenait. Cela est certain : car Baye et Villevenard, *Cella Baias ac Villa Ve-*
nardi, figurent au nombre des possessions que Charles
le Chauve par un diplôme du 25 juin 850 reconnaît ap-

partenir à l'église de Châlons (1). Renaud dit de Broyes ou Isambard son fils qui s'emparèrent vers l'an 1000 ou un peu avant du domaine de Broyes, qui était une propriété du monastère de Saint-Martin de Tours, se mit aussi en possession, par une voie plus ou moins légale, du domaine de Baye et de ses annexes qui appartenait à l'église de Châlons : seulement les sires de Broyes et les autres qui dans la suite possédèrent Baye, devaient en faire foi et hommage à l'évêque de Châlons, ce qui s'accomplit jusqu'en 1789.

Comment avant le viiie siècle, l'église de Châlons entra-t-elle en possession de cette propriété ? Lui fut-elle léguée par saint Alpin ou ses arrière-neveux ? Est-ce une concession due à la libéralité des rois mérovingiens ? C'est une question que nous ne pouvons élucider. En tout cas la phrase de la vie plus courte que nous citions au commencement de cet article est une grossière erreur historique.

II.

Ce fut seulement après que saint Loup eut été nommé évêque de Troyes que saint Alpin a pu venir se placer sous sa direction. Or saint Loup ne fut nommé évêque de Troyes qu'après l'année 426, après la mort de saint Urse, son prédécesseur, décédé à Queudes, dans la Marne, le 25 juillet de cette année.

Il est dit dans la vie plus longue que la renommée de

(1) Cartulaire du chantre Guérin. Mémoires de la Société d'Agriculture, Commerce, Sciences et Arts de la Marne, 1895, p. 150.)

saint Loup s'étant répandue bien au-delà des limites du diocèse, parvint jusqu'à saint Alpin et le décida à le choisir pour son maître (1). La première vie se tait à ce sujet et dit seulement que ce sont les parents de saint Alpin qui l'ont confié à l'évêque de Troyes (2).

Mais sans mettre en doute la haute vertu que saint Loup fit paraître dès les premiers moments de son épiscopat, il fallut, je crois, plus d'une année ou deux pour que l'éclat de cette vertu franchît les limites du diocèse, se projetât au loin et décidât les parents de saint Alpin à le confier à ce saint évêque, ou Alpin lui-même à le choisir comme maître. En ces temps reculés, les évêques ne disposaient pas du puissant moyen de la presse pour faire connaître aux fidèles les actes de leur ministère.

De plus, d'après les vies, il semble que saint Alpin soit resté quelques années près de saint Loup, si on en juge par les études et les progrès qu'il fit sous ce vigilant pasteur. On lit en effet, dans les vies et les offices des bréviaires, que saint Alpin étudia le droit canon (3). La seconde vie ajoute même que cette formation ne fut pas l'affaire d'un jour (4).

Or au vᵉ siècle, il n'existait pas encore de *Corpus*

---

(1) Hujus cum insignis vitæ gesta non modo per vicina oppida, sed per diversas quoque orbis partes velox circumferret rumor, contigit hæc aures penetrasse Alpini....

(2) Lupo Trecensi episcopo in disciplinam tradiderunt....

(3) Cum ecclesiasticorum canonum et divini juris peritissimus evasisset....

Le repons de la VIIIᵉ leçon de l'office de saint Alpin au xivᵉ siècle, le dit également : Regulæ disciplinis et canonum lectionibus institutus Alpinus....

(4) Manens itaque Alpinus cum antistite ejus tam exhortatione quam exemplo sensim ad perfectiora informabatur.

Juris et les canons ecclésiastiques attendaient encore Denys le Petit qui devait les réunir en collection. Les auteurs des vies de Saint-Alpin parlent comme des légistes du xiiie siècle et attribuent au ve les méthodes et les ouvrages de leur temps.

Il était nécessaire toutefois que l'on fit faire ces sortes d'études à saint Alpin, puisque d'après les vies, le P. Rapine et les auteurs qui l'ont suivi, saint Loup choisit saint Alpin pour son official, avec dispense d'âge sans doute. Or en admettant que cette dignité, ou quelque chose d'approchant, ait existé dans les églises des Gaules en 426, il est difficile de croire que saint Loup ait confié cette charge relativement délicate, à un jeune homme, à un étranger, qui était près de lui seulement depuis un an ou deux.

Mais la dignité d'official ne remonte guère qu'au xiie siècle. On lit en effet dans l'*Histoire de la Champagne et de la Brie*, par M. POINSIGNON, à propos d'une lettre adressée par Jean de Salisbury en 1167 à l'évêque de Poitiers et dans laquelle se trouvent ces mots : « *officialibus et amicis archiepiscopi ejectis ab urbe* » (1), « s'agit-il ici des officiaux proprement dits ? Nous en « aurions ici la première mention connue » (2).

Nous aimerions mieux l'explication que donne du mot official le Dictionnaire de Du Cange qui prend le mot *officialis* comme synonyme d'aide : *adjutor* (3). Ce serait en effet comme official que saint Alpin aurait accompagné saint Loup dans la mission d'Angleterre. Nous dirons un mot plus loin de ce voyage. Il nous

(1) *Recueil des Historiens des Gaules*, XVI, 182, note, et 568.

(2) POINSIGNON. Ouvrage cité. I, 188.

(3) Voir Dictionnaire de Du Cange au mot *Officialis.*

suffit de dire ici combien il est difficile de croire que saint Alpin ait été disciple et official de saint Loup.

Mais non seulement il est difficile de le croire, cela nous paraît impossible par la raison que quand saint Loup fut nommé évêque de Troyes, il y avait déjà plus de vingt ans que saint Alpin était évêque de Châlons. Nous allons le prouver.

Les vies sont d'accord pour dire que saint Alpin vint trouver saint Loup avant la mission d'Angleterre. Or cette mission eut lieu deux ans environ après l'ordination de saint Loup, vers l'an 429 : c'est la date adoptée par Baronius ; d'autres auteurs la reculent même jusqu'en 433. Ce fut peu après le retour des évêques en France, quelques mois après, ou même selon le P. Rapine, pendant que saint Alpin était encore en Angleterre, qu'il fut nommé évêque de Châlons. Ce serait donc vers l'an 430 qu'aurait commencé l'épiscopat de saint Alpin, d'après les vies. Or si à ce chiffre nous ajoutons les 47 ans d'épiscopat de saint Alpin, nous arrivons à l'année 477, comme date de la mort de saint Alpin. Or nous savons d'une manière certaine, indiscutable que le successeur de saint Alpin, Amandinus, était évêque de Châlons dès 461. Comment résoudre la difficulté ? Avant de donner la solution que nous croyons la vraie, il convient d'exposer largement la question.

Tous les catalogues placent l'épiscopat de saint Alpin entre celui de Provinctus et celui d'Amandinus.

Nous ne savons rien de Provinctus, nommé aussi Provitus, Provintus ou Proventus. Le bréviaire manuscrit du xv⁰ siècle dit qu'il vivait du temps de saint Nicaise, évêque de Reims, et les vies font savoir qu'il mourut au moment du retour de la mission d'Angléterre. Ce détail toutefois, ne nous paraît pas authentique.

Le successeur de saint Alpin, Amandinus, ne nous est guère mieux connu ; mais nous savons qu'il assista à un concile à Tours. Il en signa les actes : *Amandinus episcopus Cathalaunicæ civitatis.* En quelle année eut lieu ce concile ? D'après le P. Rapine et Baronius ce serait en 482. Mais d'autres ouvrages spéciaux comme *L'Art de vérifier les dates, Les Bollandistes, Le Trésor de chronologie,* MIGNE (*Théologie,* V, 146) le *Recueil des Historiens des Gaules* et d'autres disent que ce concile se tint à Tours le 18 novembre 461. Qui a raison de ces auteurs ? Nous allons le voir.

Ce concile porte une date consulaire. Il est dit qu'il fut tenu quand Severinus et Dagalaïfus étaient consuls (1).

On sait que cette vieille institution romaine des consuls, qui entre autres objets, servait à dater les actes officiels, ne fut guère abolie qu'au VIIe siècle. Or on possède les listes exactes de ces consuls, année par année. On les trouve dans Feller (Dictionnaire), dans l'*Art de vérifier les dates* et dans d'autres ouvrages. Si on les consulte, on voit que l'année 461 de l'ère chrétienne, l'an 1214 de Rome, les consuls étaient Severinus et Dagalaïfus. Laissons de côté l'abbé Boitel qui pour se tirer d'affaire, invente deux conciles à Tours, un en 461, l'autre en 482. La date de 461 est donc rigoureusement exacte. Amandinus était donc évêque de Châlons le 18 novembre 461. En admettant qu'il ait été cette année même élevé sur le siège de Châlons, il nous faut placer l'élé-

---

(1) *Recueil des Historiens des Gaules,* II, 13. — *Acta Sanctorum,* tome I d'avril, col. 746.

vation de saint Alpin à ce même siège 47 ans avant, puisque, dit le P. Rapine, « tous les cathalogues de « l'évesché, du chapitre et des abbaïes s'accordent seu- « lement en ce point que saint Alpin fut 47 ans évesque. » (Annales 55, 65.)

Nous arrivons donc à l'année 414, date à laquelle il faudrait que saint Alpin ait été nommé évêque. Mais nous avons vu plus haut que saint Loup ne fut nommé au siège de Troyes qu'en 426. Où placer les 47 ans d'épiscopat de saint Alpin et comment saint Alpin a-t-il pu être disciple et official de saint Loup ?

En face de cette difficulté, et pour une autre raison que nous dirons plus loin, les Bollandistes n'hésitèrent pas à déclarer qu'il y avait interversion dans les listes épiscopales de Châlons et à placer l'épiscopat de saint Alpin après celui d'Amandinus. Il est probable que là encore les Bollandistes se sont trompés (1).

On doit, croyons-nous, ajouter foi aux catalogues, qui ont pu passer sous silence, nous le concédons, des noms d'évêques, mais n'ont pu bouleverser l'ordre de succession. Un moine pouvait altérer le texte d'une vie de saint, mais ne pouvait modifier tous les catalogues. Il lui était facile d'insérer dans la vie d'un saint un épisode glorieux, de nature à grossir la renommée de son héros, à égaler sinon à éclipser les mérites d'un saint d'un diocèse voisin, mais il ne pouvait modifier les listes épiscopales. Le point de départ de l'argumen-

---

(1) « Je vois que Tillemont a une tendance à mettre saint Alpin « après Amandinus, il ne s'autorise que de son appréciation per- « sonnelle d'une phrase assez vague de la vie de saint Loup; je ne « crois pas qu'il y ait là de quoi infirmer la tradition de Châlons.... « je ne vois rien qui m'oblige à douter de la tradition représentée « par les listes épiscopales.... » (Lettre de l'abbé Duchesne à l'auteur, 18 février 1892.

tation du Bollandiste est donc faux et nous croyons
que saint Alpin ne fut pas nommé évêque au retour de
la mission d'Angleterre : il l'était déjà depuis plusieurs
années.

La difficulté de trouver les 47 ans d'épiscopat de saint
Alpin ne se peut résoudre autrement. Notre thèse se
trouve encore fortifiée par un autre argument.

En effet, les vies imprimées, les leçons des bréviaires
manuscrits, font intervenir saint Nicaise dans la consécration de saint Alpin (1).

Or les documents les plus certains affirment que saint
Nicaise fut martyrisé le 14 décembre 407. C'est la date
adoptée par Baronius, suivant en cela la tradition constante de l'église de Reims, consignée par Hincmar,
relatée par les catalogues.

L'abbé Jager, il est vrai (2), place le martyre de saint
Nicaise et de ses compagnons sous Attila en 451, disant
que c'était à ce second sac (le premier ayant eu lieu
sous les Vandales) que l'on rapportait avec le plus de
vraisemblance, le martyre de saint Nicaise, et il ajoute
en note que plusieurs auteurs plaçaient cette passion
en 407, parce que Flodoard nomme Vandales ceux qui
firent mourir saint Nicaise : « mais quoiqu'on donnât
« ce nom à presque toutes les nations barbares, Flo-
« doard fait assez connaître qu'il entend les Huns puis-
« qu'il dit *sub eadem Vandalorum vel Hunnorum persecu-*
« *tione*, et qu'il fait saint Nicaise le contemporain de
« saint Loup. »

Nous avouons que Flodoard fait de saint Nicaise le

(1) Consulitur Nichasius.... sacræ unclionis carismate a beato
delibutus Nichasio: (Bréviaire du xiv° siècle, antiennes du II° nocturne.)

(2) *Histoire de l'Eglise catholique en France*, I, 493.

contemporain de saint Loup de Troyes, de saint Aignan,
d'Orléans, de saint Servais de Tongres, qui vivaient
d'après l'opinion commune, au moment de l'invasion
des Huns (1). Si Flodoard veut dire, et c'est le sens
obvie, que ces saints personnages vivaient comme
évêques à la même époque, c'est assurément une erreur
de sa part et il a, dans un moment de distraction, con-
fondu l'invasion des Vandales avec celle d'Attila. Mais
la preuve qu'il entendait bien que saint Nicaise avait
été mis à mort par les Vandales et non par les Huns se
tire des considérations suivantes, mises en lumière du
reste par les Bollandistes dans la vie de saint Alpin.

Dans le chapitre consacré par Flodoard à saint
Nicaise (*De sancto Nicasio, cap. VI*), il ne parle que des
Vandales : *Sub Wandalica in Galliis persecutione....
Wandalorum multitudo.... agmina Wandalorum....*

C'est seulement dans le chapitre suivant : « *De sancto
« Oriculo et Sororibus ejus* » que se trouve la phrase
relevée par Jager : *Sub eadem Wandalorum vel Hunnorum persecutione.* Mais cette phrase, comme le fait jus-
tement remarquer le Bollandiste, n'a pas le sens que lui
attribue Jager et ne veut pas dire que Vandales et Huns
sont les mêmes barbares. Flodoard ne les confond pas
et il veut dire que dans cette persécution même des
Vandales ou dans celle des Huns, il ne sait, fut mis à
mort saint Oricule, faisant bien entendre qu'il distingue
deux persécutions.

Une preuve évidente que Flodoard attribuait la mort

____

(1) Sub hujus vero tempestatis turbidinem, gloriosi renitebant
in Galliis inter episcopos viri sanctissimus Remorum præsul
Nicasius et beatissimus Aurelianensium pontifex Anianus, sanctus
quoque Lupus Trecassinus et beatus Servatius Tungrensis antistes.
— FLODOARD, édition Sirmond, folio 15 v°.

de saint Nicaise aux Vandales, c'est que dans le chapitre où il traite de ce saint évêque, il ajoute que saint Jérôme se souvenait de cette persécution et il cite à l'appui une lettre de ce saint à la vierge Ageruchia où il est question des Vandales. Or saint Jérôme n'a pu parler de l'invasion des Huns puisqu'il est mort le 20 septembre 420. On voit avec quelle légèreté sont écrites certaines grandes histoires !

Les listes épiscopales de Reims s'opposent également à ce que l'on place le martyre de saint Nicaise en 451. Saint Remy en effet est monté sur ce siège vers 459, et entre saint Nicaise et saint Remy les catalogues placent trois évêques : Barucius, Barnabas et Bennagdius, ce qui se comprend pour une période de 48 ans, mais serait fort extraordinaire pour un intervalle de cinq ou six ans.

Amédée Thierry dans son *Histoire d'Attila*, dit aussi que ce sont les Huns qui ont massacré saint Nicaise. Mais cet historien, qui pour bénéficier des complaisances de Napoléon III, voulait quand même faire du camp de La Cheppe, le camp d'Attila, et était par cela même obligé d'amener Attila non loin de Châlons, est tombé dans une invraisemblance. D'après lui Attila, parti de Metz le 9 ou 10 d'avril, serait arrivé à Reims dans les premiers jours de mai et sa défaite dans les champs catalauniques, quels qu'ils soient, aurait eu lieu au mois de septembre 451. Or, nous l'avons dit, tous les martyrologes disent que saint Nicaise fut massacré le 14 décembre. Comment Attila pouvait-il être à Reims au mois de décembre ? On ne pense pas à tout !

Il est donc établi que ce fut en 407 que saint Nicaise fut martyrisé par les Vandales ; or comme on est obligé de l'admettre, saint Alpin ayant été 47 ans évêque, étant mort avant l'année 461, il en résulte, puisqu'il fut consacré évêque par saint Nicaise, qu'il le fut au plus tard en l'année 407.

Saint Alpin n'a donc pu être le disciple de saint Loup, ni son official, et le passage des vies qui lui donne ce titre n'est pas authentique. Toute autre conclusion est impossible à moins que saint Alpin n'ait pas eu 47 ans d'épiscopat ou que les listes épiscopales de Châlons aient été altérées.

Mais est-ce l'année même du martyre de saint Nicaise en 407 que saint Alpin fut nommé évêque de Châlons, ou quelques années auparavant ? Garinet, nous ne savons sur quel renseignement, dit que ce fut l'année même en 407 : il donne aussi sans plus ample indication, la date de la mort de l'évêque Provinctus, décédé dit-il, le 17 juin 407. Il se peut que cet évêque soit mort un 17 juin, mais, est-ce de l'année 407 ou 401 ? C'est là une date fantaisiste. Tout ce que l'on peut présumer, c'est que quand l'évêque Provinctus mourut, saint Nicaise était évêque de Reims, et que ce fut avant le 14 décembre 407 au plus tard, avant 400 au plus tôt que saint Alpin fut consacré évêque de Châlons (1).

III.

Il résulte des conclusions précédentes que le voyage de saint Alpin avec saint Loup en Angleterre est très douteux. Le fait, il est vrai, est affirmé par l'office de saint Alpin dans le bréviaire du xive siècle (2).

(1) L'épiscopat de Saint Nicaise ne paraît pas antérieur à l'année 400.

(2) Fidelis Dei cultor Alpinus ob meritorum excellentiam sanc-

La seconde vie de saint Alpin, antérieure à l'office dont nous venons de parler, puisque les leçons des trois nocturnes en sont extraites, l'affirme également, et donne même à saint Alpin dans cette mission le titre d'official de saint Loup. Il est donc certain que bien avant le xive siècle, l'opinion générale admettait cette mission comme un fait indiscutable.

Toutefois, malgré son antiquité relative, cette opinion n'a pas été toujours adoptée. Le bréviaire que fit imprimer Mgr de Choiseul douta de cette mission : « *Num Alpinus itineris comes fuerit incertum est.* » C'est encore la leçon qu'on fait lire aujourd'hui aux ecclésiatiques du diocèse de Châlons.

Il serait permis, peut-être, après ce que nous avons dit, d'émettre un jugement plus radical et de transformer ce doute en affirmation.

On a vu dans les paragraphes précédents, combien les vies de saint Alpin ont été remaniées et interpolées. Ce serait à croire que le clergé de Châlons avait, au haut moyen-âge, perdu ses traditions et que les notions sûres de l'histoire lui étaient inconnues, puisqu'il admettait des faits contradictoires, la mission de saint Alpin en Angleterre comme official de saint Loup en 429, et son sacre par saint Nicaise mort en 407.

Si le rédacteur de la vie de saint Alpin veut que ce saint évèque ait accompagné saint Loup, ce ne fut assu-

---

torum presulum Germani ac Lupi additur consortio. (Repons de la première leçon.)

L'hymne des Laudes l'affirme également :

Fulgebat gemino lumine
Gallia belligera quam recrea-
    bant
Seminibus verbi Lupus aman-
    dus,

Germanusque pius queis sociatus
Inclytus effulsit sed pius almo
Conjunctus vixit dogmate Lupo.

rément pas comme disciple ni official, nous l'avons prouvé, mais bien comme évêque, puisque saint Alpin l'était depuis plus de vingt ans. Mais alors comment expliquer le silence gardé sur saint Alpin au sujet de cette mission par les auteurs des vies de saint Germain et de saint Loup ? Aucun des historiens de cette époque, ne mentionne la présence de l'évêque de Châlons. Ce silence est significatif, et tout semble indiquer que saint Alpin n'accompagna point saint Loup en Angleterre.

Le moine châlonnais qui fabriqua la légende de saint Alpin, lisait dans une vieille vie ou savait par la tradition que saint Alpin avait été sacré évêque par saint Nicaise ; il lisait d'un autre côté dans Flodoard que saint Nicaise était le contemporain de saint Loup ; il n'hésita pas à faire intervenir saint Loup dans la vie de saint Alpin et à attribuer à saint Alpin une partie de ce que le biographe disait de saint Loup. Comme aucune des vies de saint Loup ni de saint Germain ne mentionnait la présence de saint Alpin dans le voyage d'Angleterre, notre auteur s'est dit que saint Alpin n'était alors que clerc, très distingué, il est vrai (1), et de suite il en fit le disciple et même l'official de saint Loup, trahissant par l'emploi de ce mot, inusité alors dans ce sens, sa supercherie et son ignorance. Nous pensons donc que le passage de la vie de saint Alpin relatif à son voyage en Angleterre avec saint Loup est un emprunt fait à la vie du saint évêque de Troyes et

(1)   Corruptos heresi Pelagiana
           Britones et variis cladibus actos
           Eripiunt sancti faucibus hostis
           Horum precipuus e comitatu
           Claruit Alpinus....
(Hymne des Laudes. Bréviaire manuscrit du xive siècle.)

que ce voyage est non seulement très douteux mais invraisemblable.

IV.

Dans une des salles de l'Exposition vaticane en 1888,
on pouvait voir un groupe en bronze représentant, de
grandeur naturelle, un évêque debout, mitre en tête,
crosse à la main, apostrophant un guerrier rébarbatif à
pied, appuyé sur une épée. Au bas, une pancarte fixée
au socle disait : « Saint Alpin et Attila ».

« Singulier barbare que cet Attila ! » disait jadis
le regretté abbé Puiseux, « arrêté à chaque pas : à
«·Châlons par saint Alpin, à Paris par sainte Geneviève,
« à Orléans par saint Aignan, à Troyes par saint Loup,
« à Rome par saint Léon ! »

L'épisode châlonnais est-il authentique ? Saint Alpin
sacré évêque avant 407, vivait-il encore en 451 ? A-t-il
vu, rencontré, apostrophé, arrêté Attila ? Y a-t-il eu en
réalité quelques rapports entre ces deux personnages ?
Ou bien cette rencontre a-t-elle été empruntée à la vie
de saint Loup, de Troyes ? C'est ce que nous allons exa-
miner, sans nous flatter toutefois de résoudre la question.

Il nous faut d'abord parler de l'invasion d'Attila, de
ce barbare qui l'était peut-être moins que les chefs des
Francs. Sa marche dans les Gaules ne nous est guère
connue et les historiens, même anciens, comme Flodoard,
ont attribué à ses bandes toutes les dévastations que les
barbares avaient commises depuis près d'un siècle
dans notre pays. C'est la remarque que faisait dès 1610

le savant troyen Camusat (1). Ce n'est même pas dans les histoires spéciales d'Attila, comme celle d'Amédée Thierry, qu'il faut aller chercher la vérité : Nous en avons donné la preuve plus haut.

Les historiens racontent donc qu'après avoir franchi le Rhin et dévasté, dit-on, Trèves, Tongres, Besançon, Toul, Langres et Metz, Attila en l'an 451 pénétra jusqu'à Orléans. De là tout-à-coup il revient sur ses pas, poursuivi par l'armée d'Aëtius qui le bat dans les champs Catalauniques (septembre 451) (2). Il conclut alors d'après différents auteurs, un traité avec Aëtius, traverse Troyes, dont il emmène l'évêque et repasse le Rhin.

A quel moment de cette invasion se place l'entrevue de saint Alpin et d'Attila ? Avant ou après sa défaite ?

Prenons la vie la plus courte éditée par les Bollandistes, celle que nous soupçonnons avoir été composée un peu avant 1500. On y lit que le roi des Huns, Attila, fier de ses victoires, après avoir incendié Reims et massacré saint Nicaise, fit prisonniers beaucoup de Châlonnais et se disposait à ruiner Châlons quand Alpin, prêt à donner sa vie pour ses ouailles, aborda le cruel tyran, l'amena à user de douceur, lui fit épargner la ville et obtint la liberté des prisonniers (3).

---

(1) Complures rerum seriem permicuisse et perturbasse ; quales ii sunt qui ad Attilæ tempora referunt, quæ prius à Vuandalis gesta fuerunt... (*Promptuarium*, fol. 433, r°.)

(2) Poinsignon dit le 21 juin 451. (*Histoire générale de la Champagne*, I, 21.)

(3) Adest aliquot post annos barbarus hostis Attilas rex Hunnorum, multis victoriis insolens, captos Remos incendit, Nicasium interfecit, Cathalaunensium civium plerosque interceptos in vinculis habet, civitati ruinam et incendium minatur. Alpinus paratus pro suis ovibus animam ponere, ad crudelissimum tyrannum pergit, sanctis eum persuasionibus ad clementiam hortatur, tanta que in eo divina gratia enituit ut salutem urbis cum liberatione captivorum impetraret.

Il semble donc d'après ce texte que c'est aussitôt le pillage de Reims, avant la marche sur Orléans, que Châlons fut menacé. Il est en effet naturel de penser que de Reims Attila devait descendre vers Châlons et Troyes pour gagner Orléans. Mais si, comme nous l'avons prouvé, ce sont les Vandales en 407 et non les Huns en 451, qui ont massacré saint Nicaise, il s'en suit que rien ne prouve désormais la présence d'Attila à Reims et que sa rencontre avec saint Alpin n'a pas eu lieu à ce moment.

De plus, si saint Alpin eût fait épargner Châlons dans cette première marche, il eût alors devancé saint Loup, puisque c'est seulement après la défaite des champs catalauniques que le saint troyen est dit avoir sauvé cette cité. Ce fait n'aurait-il pas été signalé, pensons-nous, sinon par les biographes de saint Loup, au moins par ceux de saint Alpin dont la gloire en eût été doublée ?

Enfin les détails fournis par le P. Rapine sur cette entrevue s'opposent à ce qu'on la place dans la marche d'Attila vers Orléans.

Le savant Camusat, que nous citions il y a un instant, s'était aussi demandé si c'était avant ou après sa défaite, qu'Attila avait, non pas épargné la ville de Troyes, mais l'avait traversée, et il conclut que plus vraisemblablement c'était après (1).

C'est aussi après la défaite que le P. Rapine place

____

(1) Nec vero certo et liquido constare potest an Attila ante Cathalaunicum conflictum aut post eum per dictam urbem Tricassinam exercitum transmiserit : verisimilius tamen mihi videtur astruere id post initum prœlium contigisse. (Promptuarium, 432.)

l'événement qui semble résumer la vie de saint Alpin et sans lequel sa légende semblera découronnée (1).

Notre annaliste raconte donc que battu dans les plaines et campagnes voisine de *notre* Châlons, Attila pensa à se retirer doucement du côté du Rhin, après avoir rafraîchi le reste de son armée ès villes de Troyes et de Châlons qu'il destinait au pillage de ses soldats. Comme saint Alpin vit fondre sur la ville tous les habitants des villes et villages circonvoisins qui y accouraient comme en un lieu de sauveté, il obtint que tous ces réfugiés le suivraient jusque au Mont-Aymé, distant de Châlons de seize milles.

Cl. Faron ajoute même un détail et écrit : Des mémoires anciens de l'ancienne histoire de saint Alpin disent que CEUX QUI NE PURENT ENTRER dans la ville sans être pris, furent conduits par saint Alpin au Mont-Aimé (2), qu'il fit fortifier autant que le temps le pouvait permettre.

L'armée d'Attila s'avance vers le Mont-Aimé, assiège la place, se fait ouverture de toutes parts et entrait déjà criant *ville gagnée*, lorsque les pauvres assiégés s'avisèrent de crier de toutes leurs forces: Alpin ! Alpin !

(1) Les Bollandistes n'ont pas publié le passage de la légende de saint Alpin concernant sa rencontre avec Attila, soit qu'ils l'aient éliminé volontairement, soit qu'ils ne l'aient pas lu dans les manuscrits qu'ils avaient sous les yeux, ce qui est probable. Cl. Faron a eu un manuscrit complet au siècle dernier. Le P. Rapine l'avait eu avant lui et nous dit même que le patrice romain qui défit Attila, est nommé Agetius dans la légende de saint Alpin. Malheureusement nous n'avons pas rencontré ce texte authentique et nous devons suivre le récit du P. Rapine dont nous conservons à peu près les expressions et le tour de phrase.

(2) In montem cujusdam Viridomari olim dictum..... Le texte du P. Rapine porte : in montem de nomine cujusdam Vuidomari olim dictum. Cette montagne est nommée Mons Wavinarum en 696, Mons Witmar en 877, Mons Aymeri en 1162, Mons Ymeri en 1219, Mons Widomari vers 1240. (LONGNON. *Dictionnaire topographique de la Marne*).

réclamant l'aide de leur évêque. Dieu entendit cette voix, jeta la confusion dans les rangs ennemis, ce qui les obligea de quitter prise et tirer droit à Châlons.

Saint Alpin prévenu de ces faits par révélation divine, va au-devant d'Attila, lui fait un discours, dont le P. Rapine donne le texte, et obtient le salut de la ville : « en mémoire de quoy, encore aujourd'hui ès proces- « sions generalles et solennelles qui se font à Chaalons « tous les ans és festes de la Pentecoste, le clergé, le « Magistrat, et le peuple portent des baguettes blan- « ches, en action de graces, de ce que leur ville.... est « restée vierge, sans jamais avoir esté prise par aucunes « puissances estrangères.... »

Le P. Rapine dit ensuite qu'Attila tira du côté du Rhin avec ses équipages et de nombreux prisonniers de guerre ; que saint Alpin le suivit, qu'il demanda à Attila la liberté des captifs, mais que les chefs s'y op- posèrent ; que saint Alpin pria Dieu de le venger ; que Dieu envoya à ces barbares de cruelles « colliques pas- « sions avec un flux de sang si cuisant et une puanteur « si intollérable » qu'étant attaqués de ce mal, ils mou- raient désespérés de douleur et de rage. Enfin, vaincus par la main de Dieu, les barbares eux-mêmes pressèrent saint Alpin de rallier et retirer promptement tous ses esclaves. Saint Alpin prie pour les barbares, donne sa bénédiction à Attila, fait marcher devant lui en triomphe les captifs qu'il avait arrachés aux barbares et rentre à Châlons. C'est en rentrant dans la ville que saint Alpin guérit un possédé qui lui crie : « Ah ! toi Alpin, toi qui « es de retour d'auprès des Huns, qui as obtenu la li- « berté de beaucoup de prisonniers... (1) »

(1) Heus ! Alpine, rediens ab Hunnis, multos libertati réstituisti, plures pabulo refecisti...

Ce recit soulève bien des difficultés. D'où venait l'armée d'Attila allant assiéger le Mont-Aimé ? Elle venait, d'après le P. Rapine lui-même, des plaines voisines de Châlons où s'était donnée la bataille. Elle venait de Troyes ; car notre auteur nous dit, confondant, il est vrai, la marche des événements : Attila passe sans entrer à Châlons, vaincu par saint Alpin comme il l'avait été par saint Léon à Rome, par saint Loup à Troyes, par saint Aignan à Orléans.

C'était aussi l'opinion de Garinet qui dit positivement que la ville de Châlons fut traversée le 28 août 451 par Attila, qui s'était fait accompagner par saint Loup, dont les prières unies à celles de saint Alpin préservèrent Châlons (1).

Voilà la gloire de saint Alpin un peu diminuée. Il n'est pas seul maintenant pour obtenir le salut des Châlonnais ! Si alors Attila venait des plaines de Châlons, que faisait l'armée victorieuse d'Aëtius qui laissait ainsi le vaincu faire le siège d'une place forte sous ses yeux ? L'armée d'Attila du reste tenait la campagne voisine : elle poursuivait les habitants jusque sous les murs de la ville. Cl. Faron nous dit même : ceux qui ne purent entrer dans la ville sans être pris...

Pourquoi aussi saint Alpin « grand capitaine » (2) conduit-il les réfugiés au Mont-Aimé ? N'était-ce pas les ramener au milieu du danger ? On comprendrait qu'il les eût dirigés du côté opposé, dans une autre direction, sur le château de Sainte-Ménehould, par exemple ?

(1) Bibliothèque de Châlons. Manuscrits Garinet, 260.

(2) La légende de ce sainct remarque qu'il se comporta en grand capitaine et en sainct évesque... P. RAPINE, 58,

Et puis ces gens qui se sauvent ont le temps de fortifier même sommairement le Mont-Aimé « autant que « le temps le pouvait permettre » dit aussi le P. Rapine. Cette réflexion des historiens de saint Alpin a sa saveur. Et saint Alpin a le temps et le pouvoir d'aller et venir, de traverser les bandes ennemies et rentrer à Châlons sans encombre ! En vérité, il y a là trop d'invraisemblable !

De plus Attila était loin d'être si hardi que de venir piller Châlons, puisque d'après la légende de saint Loup, il est tout découragé, craintif, et il se met lui et son armée sous la protection de saint Loup et il l'emmène vers le Rhin comme son égide et sa sauvegarde (1).

Et pourquoi enfin, suivi à distance par Aëtius, Attila, de Troyes, serait-il remonté vers le nord, par Châlons au lieu de hâter sa fuite par la voie de Langres ?

En vérité l'entrevue de saint Alpin et d'Attila nous paraît impossible, au moins invraisemblable dans ces conditions. Elle l'est d'autant plus que l'office manuscrit du bréviaire du xive siècle renferme avec le récit du P. Rapine et la vie la plus ancienne, quelques divergences très notables.

La première antienne du troisième nocturne de l'office dit que le peuple chrétien, dans une lutte contre l'ennemi, n'échappa aux horreurs de la mort qui le menaçait que par les mérites de saint Alpin (2). Cette bataille entre les Châlonnais et les barbares a bien pu devenir le siège du Mont-Aimé sous la plume du biographe : mais l'office ne parle pas du Mont-Aimé.

(1) Pro sua exercitusque sui salute et incolumitate secum eum vult proficisci ad Rhenum usque.

(2) Hostili conflictu jam pene plebs superata christicola Alpini meritis, imminentis necis evasit horrentia discrimina.

La maladie contagieuse dont fut atteinte l'armée d'Attila, après le refus des chefs subalternes de rendre les prisonniers, est aussi relatée dans l'office. Un détail est même ajouté. Ce sont les prêtres païens de l'armée d'Attila qui s'adressent à saint Alpin, afin qu'il hâte son départ avec ses captifs et même ces prêtres chargent les captifs de présents (1).

Il nous reste à signaler deux divergences plus essentielles :

Le P. Rapine dit que saint Alpin suivit Attila volontairement : « Sans s'effrayer de ceste multitude de bar-« bares, respecté de tous. »

Et, au contraire, nous lisons dans la quatrième antienne des Laudes de l'office, que saint Alpin fut fait prisonnier. « Le pontife béni du Christ fut pris par les « féroces ennemis, ne fut blessé par aucun, parce qu'il « était protégé de Dieu » (2).

En rentrant à Châlons avec ses captifs, dit la vie la plus ancienne, Alpin fut apostrophé par un possédé qui lui crie : « Et toi Alpin, toi qui reviens d'auprès des « Huns.... *Rediens ab Hunnis...* »

Et au contraire le repons de la VIe leçon fait revenir saint Alpin de l'exil : « .... *Revertenti ab exilio....* »

Nous voilà loin de l'idée : Attila arrêté par saint Alpin ! Saint Alpin fait prisonnier, saint Alpin en exil, lui que le biographe donne comme le sauveur de son peuple ! Qui croire de la légende ou de l'office ? N'y a-t-il là que des échantillons de style poétique ?

(1) Orabat profanorum caterva pontificum : Cesset, quœsumus, in nos letiferœ anxietatis pernicies et quosque tuorum muneribus donatos tecum festina deducere. (3e antienne du 3e nocturne.)

(2) Benedictus Christi pontifex, capitur a trucibus, a nemine lœditur quia Deo servatur.

Faut-il nous résigner à croire que le biographe de saint Alpin, induit tout d'abord en erreur par Flodoard, ayant sous les yeux une vieille vie très sommaire de son héros qui le mettait en relation avec un peuple barbare non spécifié, a pensé que ces barbares étaient les Huns ; il aura alors introduit Attila et ses hordes dans sa légende. De plus il avait en mains la légende de saint Loup et il lui a emprunté quelques traits en les embellissant. Ce serait ainsi qu'il aurait fait de saint Alpin le disciple de saint Loup, son official et son compagnon dans la mission d'Angleterre, faits évidemment faux comme nous l'avons expliqué.

Il lisait encore dans la vie de saint Loup (1) que ce saint évêque qui avait été emmené jusqu'aux bords du Rhin, étant de retour à Troyes, qui ne présentait plus que des ruines ou peu s'en fallait, résolut d'installer ce qui restait de la population eu un lieu plus sûr, sur une montagne de refuge près de Lincon : « *in perfugium* « *montis Latisconis* » distant de Troyes de 45 milles (2).

Afin d'établir un trait de ressemblance de plus entre le disciple et le maître, notre biographe a aussi cherché dans les environs de Châlons une montagne de refuge et il a trouvé le Mont-Aimé, Mons Vuidomari, dont il écrit le nom comme l'écrivait vers 1240 Albéric de Trois-fontaines, distant, dit il, de Châlons de 16 milles : le mont Linçon était distant de Troyes de quelques milles de plus. Il y a là, dans l'énumération de la distance, comme un écho éloigné d'une maladroite imitation.

(1) *Acta sanctorum*, t. VII de juillet, 53.

(2) Ce passage de la vie de saint Loup, présente aussi bien des difficultés. Si Troyes fut préservée, pourquoi saint Loup trouve-t-il la population dispersée et la ville inhabitable? Voyez du reste : *Etude sur un passage des actes de saint Loup* par M. LE CLERT. *Mémoires de la Société Académique de l'Aube.* 1890, page 84.)

Faut-il admettre qu'une bande de barbares, séparée du gros de l'armée d'Attila et commandée par un chef subalterne, serait remontée jusqu'à Châlons et aurait emmené saint Alpin prisonnier volontaire ou non, tandis que le chef suprême, Attila lui-même traversait Troyes à la même époque ?

Saint Alpin n'aurait eu alors son entrevue avec Attila qu'à la jonction des armées, loin de Châlons !

Se pourrait-il, d'après une autre hypothèse, que saint Alpin, dont le diocèse devait s'étendre jusqu'à Joinville, ait été fait prisonnier dans ces lointains parages avec quelques-uns de ses diocésains. Mais alors Châlons n'eût pas eu la visite d'Attila et l'historiette des baguettes blanches, symbôles de la virginité de la cité, ne reposerait que sur un fait controuvé.

Une troisième hypothèse, à laquelle nous avons plus haut fait allusion, se présente à l'esprit. La rencontre de saint Alpin avec un chef barbare aurait-elle eu lieu au moment de l'invasion des Vandales en 407, puisque saint Alpin était déjà évêque de Châlons à cette date ? Les vagues allusions que renfermait une vieille vie de saint Alpin, sa rencontre avec des barbares cruels, son voyage forcé avec eux, auraient été transformés sous la plume du biographe et seraient devenus les épisodes merveilleux de la légende. Est-ce ce vieux fonds authentique qui perce dans les deux passages de l'office que nous avons cités ? Est-ce témérité de notre part d'émettre semblable idée ? Les hommes pourront nous condamner, mais le saint nous pardonnera.

Un fait est certain, c'est que la légende de saint Alpin renferme des erreurs historiques et n'est pas authentique.

Déjà au congrès archéologique tenu à Châlons en 1855,

Garinet, dont les notes ne sont pas exemptes d'erreurs (1), avait protesté contre les affirmations de l'abbé Boitel qui s'était fait le champion de l'authenticité de la légende de saint Alpin. Garinet, dit le rapporteur de la séance, avait jugé sévèrement la légende de saint Alpin. Les Bollandistes, dont nous avons relevé les erreurs, terminent leur étude sur saint Alpin par ces mots : Peut-être saint Loup a-t-il rencontré Attila, mais saint Alpin, jamais. Nous ne sommes pas éloigné de tenir le même langage, mais pour des raisons différentes.

Ce qui dans les temps modernes a encore compliqué la question, c'est la dénomination de camp d'Attila donnée à un camp retranché qui se trouve près de La Cheppe. Or ce n'est qu'en 1642 que ce camp fut ainsi désigné par un critique qui cherchait où pouvait bien s'être donnée la bataille d'Attila. Ce qui n'était qu'une hypothèse est devenu dans le vulgaire, un article de foi. Et c'est le vulgaire qui fait la langue, non l'Académie ! Mal venu serait, à la Cheppe et aux environs, celui qui se permettrait de dire que le camp : n'est pas le camp d'Attila !

Avant 1641, dans les vieux titres, cette enceinte fortifiée est toujours désignée sous le nom de Vieux Châlons, comme si c'eût été là le centre, le chef-lieu où se retirait la tribu châlonnaise avant qu'elle ait, peut-être par ordre supérieur, fixé ses tentes sur les bords, ou dans une île de la Marne.

On voit quel appui apportait à la légende de saint Alpin la présence, aux portes de Châlons, du camp

---

(1) Garinet a dit en pleine séance du congrès archéologique que la famille de saint Alpin était la tige de la maison de Béthune-Sully ! Tous les aînés de cette famille, ajouta-t-il, portent encore le nom d'Alpin ! (Congrès archéologique, 63.)

d'Attila. Il faut décidément se résigner à ne voir là qu'un vieil oppidum gaulois où jamais Attila n'a paru, mais que saint Alpin a pu visiter et où il a pu peut-être prêcher l'Evangile.

Avant de terminer cette question, on peut se demander si saint Alpin vivait encore au mois de septembre 451.

L'abbé Boitel écrit : « Tout le monde convient que « saint Loup est mort en 479 et qu'il a laissé après lui « parmi ses plus illustres disciples saint Alpin... Puisque saint Alpin lui a survécu, il a dû vivre au moins « jusqu'en 480 (1). »

On lit en effet dans la vie de saint Loup, vie écrite peu de temps après sa mort, si on en croit les Bollandistes, qu'il eut pour disciples Polychrôme de Verdun, Sévère de Trèves et enfin saint Alpin mentionné le dernier (2).

Or le passage qui concerne saint Alpin est au temps présent : *resplendentem prerogativa diutinæ sanitatis ;* comme si le biographe avait voulu dire qu'à l'époque où il écrivait, saint Alpin vivait encore. Mais le biographe emploie le même temps quand il parle de saint Sévère mort en 455 et de saint Polychrome qui mourut en 470. C'est donc à tort, croyons-nous, que le Bollandiste s'est appuyé sur ce passage de la vie de saint Loup, pour placer l'épiscopat de saint Alpin après celui d'Amandinus.

Mais comment faut-il interpréter ces mots : *diutinæ*

---

(1) *Histoire de saint Alpin,* 106.

(2) Sanctum quoque Alpinum Cathalaunicæ pontificem civitatis, resplendentem prerogativa diutinæ sanitatis, locis plurimis non silendum est quam sæpe demonum purgator extiterit. (*Acta sanctorum,* tome VII de juillet.)

sanitatis, sur lesquels les biographes postérieurs ont exercé leur habileté d'interprétation. Surius traduit par *diuturnæ Sanctitatis*, qui ne signifie rien (1). Le sens le plus plausible est que saint Alpin fut longtemps sans ressentir les atteintes de la vieillesse et qu'il jouissait, malgré son grand âge, d'une excellente santé. Mais ces expressions ne veulent pas dire qu'il a survécu à saint Loup, comme le veulent les Bollandistes et comme l'affirme l'abbé Boitel.

Il est fait du reste allusion à cette vieillesse de saint Alpin, à son long épiscopat, dans les leçons de l'office de saint Alpin, dans le bréviaire de Mgr de Choiseul. On y lit : « *tandem apostolicis episcopatus diuturni labo-* « *ribus sanctissimé perfunctus* » après s'être acquitté dans une vie des plus saintes des charges apostoliques d'un long épiscopat.

Cette verte vieillesse se ternit cependant et nous savons que sur ses vieux jours saint Alpin suivit les conseils des médecins, prit sa retraite et se retira dans son domaine à Baye, où il mourut le 7 septembre, on ne sait de quelle année.

Il n'est pas nécessaire, nous le concédons, que sa retraite à Baye ait été de longue durée. Mais si saint Alpin avait pu avoir quelques rapports avec Attila, ce n'aurait pu être que dans les trois dernières années de sa vie, car ayant été sacré au plus tard en 407, il rendit son âme à Dieu au plus tard le 7 septembre 454, puisque son épiscopat fut de 47 ans, Mais s'il a été sacré trois ou quatre ans avant 407, il n'a pu entendre parler d'Attila et il était mort au mois de septembre 451. Or comme nous ignorons le point de départ de son épis-

---

(1) Voyez Cl. FARON. (Mémoire cité, 25.)

copat, l'année de sa mort reste incertaine. En tout cas, si en 451 saint Alpin vivait encore, c'était un vieillard, les textes le disent, et un vieillard fort caduc auquel les médecins avaient conseillé ou allaient conseiller la retraite. Et il nous paraît difficile d'attribuer à un vieillard les courses merveilleuses que lui prête le biographe et la rencontre que le bronze a eu mission d'immortaliser. C'est donc sans trop de certitude que Mgr Sourrieu s'est appuyé sur le passage des actes de saint Alpin, comme sur un fait authentique, pour montrer en bronze, aux siècles futurs, l'épiscopat arrêtant la barbarie. Nous louons le symbole, nous attaquons l'authenticité du fait local.

V.

Enfin est-ce saint Alpin qui a donné le voile aux filles du comte de Perthes, Sygmarus ? Les vies de saint Alpin disent qu'il visitait son diocèse avec la vigilance d'un bon pasteur.

Or, dans une de ses tournées pastorales, il reçut à Perthes la visite de sept sœurs, Ymma, Hoïlde, Lintrude, Posenne, Francula, Libera et Magenhildis dont on a fait Ménéhould, filles du comte Sygmarus et de Lintrude. Ces saintes filles demandèrent à saint Alpin de consacrer leur virginité au Seigneur et il accueillit favorablement leur demande.

Mais voyez comme la légende se forme et se développe. D'après le bréviaire édité sous Mgr de Prilly, saint Alpin aurait encore visité son diocèse après les désastres causés par l'invasion Hunnique (1) et ce serait dans une de ses courses apostoliques que se serait passé cet événement. L'abbé Boitel profite même de cette visite épiscopale, après la défaite d'Attila, pour placer quelques beaux mouvements d'éloquence auxquels il était sans doute sujet dans la chaire sacrée. Voyez ses belles tirades : Perthes, capitale du Perthois, n'est plus qu'un monceau de cendres... Les ruines fumantes de leur patrie.... Les Huns avaient incendié l'église consacrée par saint Memmie à la Vierge, mère de Dieu !! (2).

Or, ni la vie de saint Alpin, ni les légendes de ces saintes filles ne renferment rien de pareil. Il n'est point dit que saint Alpin ait visité son diocèse après la bataille d'Attila : Ces saintes vierges sont dites avoir reçu le voile des mains de saint Alpin et c'est tout (3).

L'office du bréviaire manuscrit du xive siècle fait à la consécration de la virginité de ces saintes filles une allusion assez poétique, mais se tait sur l'époque (4).

Un critique, qui a assez mauvais renom, Baillet, fait à juste titre remarquer que les noms de ces vierges sentent plutôt le franc que le gallo-romain ; ce sont assurément des noms mérovingiens. Les Bollandistes répondent que ce n'est pas une raison pour renvoyer l'existence de ces vierges au viie siècle. Clovis s'empara du Châlonnais en 485, à la suite de la défaite de Syagrius, et les Francs se sont rapidement mêlés à la population. Mais

---

(1) Suæ autem diœceseos partem transeunte Dei flagello vastatam perlustravit.

(2) *Vie de saint Alpin*, 94, 95.

(3) *Acta sanctorum*, avril, t. III, 167, 783 ; septembre, t. VII, 468.

(4) Nec minus in septem tu nituisti
Rector puellis cœlica pandens.
(Hymne des Laudes.)

cette observation ne prouve pas que Sygmarus vivait au commencement du ve siècle, qu'il y avait des comtes à cette date, et que les filles de Sygmarus soient venues trouver saint Alpin à Perthes entre les années 407 et 454.

En résumé les vies de ces sept vierges n'apportent aucun document nouveau à la biographie de saint Alpin. Ces vies, comme le font remarquer les Bollandistes, sont récentes, peu authentiques et il reste très douteux que ce soit saint Alpin qui ait imposé le voile aux filles de Sygmarus.

Cette attribution toutefois nous est une nouvelle preuve du grand rôle que saint Alpin a joué dans l'évangélisation des pays Châlonnais.

De cette étude un peu aride peut-être, il nous paraît résulter que saint Alpin naquit à Baye vers l'année 370 et qu'il fut sacré évêque de Châlons entre les années 400 et 407 par saint Nicaise et sur ses instances. Il n'aurait donc pas été ni le disciple dans le sens de ce mot ni surtout l'official de saint Loup. Il ne paraît pas possible d'admettre qu'il l'ait accompagné en Angleterre.

Si la rencontre de saint Alpin et d'Attila reste hypothétique, nous dirions même peu probable, rien ne s'oppose à ce que dans une invasion de barbares qui était peut-être celle des Huns en 407, saint Alpin, par quelques actes de tutelle et de protection, ait mérité de ses contemporains le titre de sauveur de Châlons. Enfin, après un épiscopat de 47 ans, illustré par de nombreux miracles, saint Alpin mourut à Baye vers 454, sûrement avant 461 dans un domaine qui, trois siècles plus tard, appartenait à l'église cathédrale de Châlons. Telle est en résumé la biographie de saint Alpin. Sa grande figure

couvre en quelque sorte tous les événements de ce
v⁰ siècle, si mouvementé en Champagne. Il apparut à
nos pères comme un sauveur et un apôtre thaumaturge.
Des souvenirs très vagues recueillis assez longtemps
après sa mort, une tradition de faits mal définis que les
clercs allongèrent comme une chanson de gestes, avec
des emprunts à d'autres légendes, ont suffi à un moment
donné à des biographes enthousiastes pour broder au-
tour de son nom une série de faits merveilleux qui ve-
naient augmenter la liste des miracles authentiques. Puis
est venue la cohorte officielle des correcteurs de bréviaires, qui tour à tour dès le xiv⁰ siècle au moins, jusqu'à nos jours ont, avec conscience, pour la plus grande
gloire du saint, mais plus ou moins adroitement, à la
première bâtisse, maçons de la dernière heure, touché,
rogné, ajouté, enlevé. Le monument qu'ils nous ont
laissé péche encore en quelques endroits. Démêler le
vrai du faux, les bonnes d'avec les mauvaises assises :
nous n'avons pas voulu faire autre chose.

Châlons. — Imp. TROUILLE.

OUVRAGES DU MÊME AUTEUR :

Histoire ecclésiastique et féodale de l'archidiaconé de Margerie

Ont paru :

La famille Mertrus-Saint-Ouen. — Arcis-sur Aube : FRÉMONT, 1882.

Histoire de Somsois. — Arcis-sur-Aube : FRÉMONT, 1885.

Histoire de Chapelaine-sous-Margerie. — Châlons-sur-Marne : A. DENIS, 1885.

Histoire du Meir-Tiercelin. — Arcis-sur-Aube : FRÉMONT, 1887.

Humbauville et Loiselet. — Arcis-sur-Aube : FRÉMONT, 1891.

Histoire de Gigny-aux-Bois et de Bussy-aux-Bois. — Arcis-sur-Aube : FRÉMONT, 1898.

En préparation : *Histoire de Lignon.*

———

Histoire de l'abbaye d'Andecy. — Châlons : MARTIN et THOUILLE, 1890.

Notice historique sur Mondement et ses Seigneurs. — Sézanne : PATOUX, 1885.

———

Variétés sur le Diocèse ancien de Châlons

N° 1. — *Pierre Garnier et les Origines de Montmort.* — Châlons : THOUILLE, 1897.